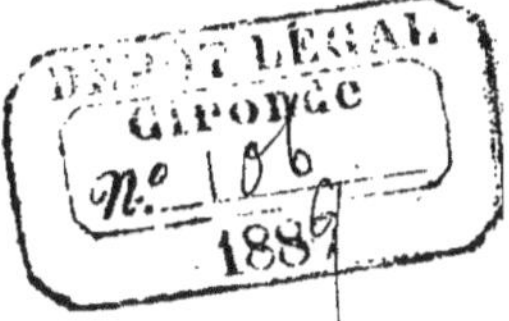

LE POSITIVISME

ET

LE DROIT.

DISCOURS DE RENTRÉE

prononcé

A L'OUVERTURE DES CONFÉRENCES DE L'ORDRE DES AVOCATS DE BORDEAUX

Le 7 janvier 1889

PAR

J. BOUCHEREAU

Avocat.

BORDEAUX

IMPRIMERIE J. DURAND

20, RUE CONDILLAC, 20.

1889

LE POSITIVISME

ET

LE DROIT.

DISCOURS DE RENTRÉE

prononcé

A L'OUVERTURE DES CONFÉRENCES DE L'ORDRE DES AVOCATS DE BORDEAUX

Le 7 janvier 1889

PAR

J. BOUCHEREAU

Avocat.

BORDEAUX

IMPRIMERIE J. DURAND

20, RUE CONDILLAC, 20.

1889

LE POSITIVISME

ET

LE DROIT.

⁂

Monsieur le Batonnier,
Messieurs et chers Confrères,

Vivre seul, ou presque seul, pendant de longs mois, en pleine campagne ; avoir le cœur à tout instant brisé par la vue d'une inconsolable douleur ; sentir soi-même, à chaque souvenir éveillé, les larmes qui vous montent aux yeux ; ne trouver de distraction que dans le spectacle attristé d'une nature qui, déjà dépouillée, sans soleil, paraît mourir ; n'entendre pour tout bruit, que le bruit éternellement monotone des feuilles qui tombent, mortes aussi : c'est au milieu de ces tristesses, Messieurs, que, pour ne point faillir au devoir si doucement imposé par votre confiance, j'ai dû écrire ce discours.

J'ai puisé dans la doctrine spiritualiste, dans ses fortifiantes affirmations, dans ses croyances, pleines de certitude, le calme, la résignation, l'apaisement, et comme un réconfort qui m'a rendu le courage et l'espoir; mais, à cette philosophie consolatrice, où se complaisait ma pensée endolorie, s'unissait, avec beaucoup de regrets — pourquoi ne vous l'avouerais-je pas? — votre souvenir, le souvenir de ce Palais, où de tous, je reçus si bon accueil, où j'ai passé de si charmantes heures, où vous m'avez appris à défendre et à aimer le Droit!

C'est dans cet état de mon âme, que le Droit et la Philosophie sont devenus le double sujet de ce discours.

J'ai pourtant hésité quelque peu à vous parler philosophie; je sais combien le monde va se désintéressant des problèmes les plus graves qui puissent se poser pour lui, de ceux qui touchent à sa vie même. Le monde! Comment aurait-il le goût des abstractions? il n'a pas le temps de les approfondir, et s'en détourne avec dédain.

« Les uns, nous dit M. Jules Simon dans son beau » livre du Devoir (1), se font un point d'honneur de ne » songer qu'au présent, de ne compter qu'avec la » matière; ne regardant jamais au delà des faits, toute » leur activité intellectuelle s'épuise dans des questions » de trafic; ils n'estiment la science que par les facili- » tés qu'elle donne à la production et au commerce; les » arts, que pour le luxe et le confortable de la vie; la » vertu, que pour l'honorabilité qu'elle confère, et qui, » au besoin, s'escompte sur la place. »

---

(1) Voir les *notes* et *textes* à la fin de l'ouvrage.

Les autres, « esprits sincères, qui comprennent la
» grandeur des problèmes philosophiques », lassés de
poursuivre une vérité toujours effarouchée, prétendent
qu'ils est impossible de l'atteindre, et finissent même
par douter qu'elle existe.

Tous sont des positivistes plus ou moins conscients ;
et, par malheur !, le public a suivi le mouvement de
cette opinion ; mais j'ai pensé que ce n'était pas la
vôtre, Messieurs, et qu'en osant vous parler philosophie,
je ne verrais point aussitôt un sourire passer furtif sur
vos lèvres moqueuses. Devant cette raillerie discrète,
je ne sais si je serais assez philosophe !

Je veux, ce soir, après avoir résumé, en quelques
traits concis, les principaux caractères de la philosophie
positive, la mettre en face du Droit, tel que nous
l'entendons, vous et moi, et me demander s'il peut
exister à son regard. Peut-elle lui donner des assises
assez solides ? Elle souveraine, le Droit ne sera-t-il pas
un mot vide, et ne serions-nous plus nous-mêmes que
les serviteurs aveugles d'un culte mensonger ?

Ainsi posée, vous le voyez, la question vaut la peine
d'être étudiée ; elle nous touche de près, puisque de sa
solution dépend notre raison d'être. Il ne faut pas en
effet se le dissimuler : c'est le Droit seul qui donne à
notre profession son relief, sa grandeur, sa dignité
morale. Lui disparu, quel but pourrions-nous poursuivre désormais en nos plaidoiries, si ce n'est la
consécration voulue de ce double arbitraire, la faveur
ou la force ?

C'est vers l'année 1822, je crois, que paraissait un premier essai de philosophie signé Auguste Comte. Son auteur, « illuminé des rayons du génie (2) », d'après Littré, un de ses disciples, — « cerveau obscur et abstrus » et trop souvent malade (3) », d'après Sainte-Beuve, un autre de ses disciples, — rêvait de bouleverser le monde.

« Son ambition, nous dit M. Caro (4), avait été l'uni-
» versalité, aussi bien dans la spéculation que dans
» l'action ; il avait voulu fonder, du même coup et par
» la seule impulsion d'un esprit solitaire, un système
» théorique et pratique à la fois : une philosophie totale
» qui résumerait les philosophies partielles de chaque
» science ; une politique ou organisation sociale qui
» réconcilierait dans une synthèse les deux termes de
» l'éternelle antinomie, l'ordre et le progrès ; enfin une
» religion qui remplacerait toutes les autres et gouver-
» nerait par un idéal défini toutes les aspirations de
» l'humanité. »

C'était du volapuk philosophique!....

Pendant plus de trente ans, l'activité de Comte ne se ralentit pas un seul jour ; mais, après bien des créations originales et des conceptions grandioses, après avoir eu le mérite de remettre en honneur dans la philosophie la méthode expérimentale, cet esprit dévoyé en arriva, pour ne vous citer que ce trait, à inventer en matière religieuse une trinité positive composée de la Terre ou grand fétiche, l'Espace ou grand milieu, l'Immensité o u grand être !

S'il ne réussit pas dans tous ses rêves que Molière eût appelé des billevesées, je n'ai pas besoin de vous le dire ; toujours est-il qu'il eut l'honneur d'ébranler beaucoup de cerveaux et de compter des disciples, même illustres.

Aujourd'hui, dans l'École, deux tendances bien tranchées se manifestent : les uns, dans leur fidélité à Comte, le suivent jusque dans les dernières évolutions de sa pensée ; les autres ont si bien défiguré la doctrine du maître qu'elle n'est plus reconnaissable ; ainsi, par exemple, le maître repoussait la psychologie ; Stuart Mill plaide pour elle les circonstances atténuantes, — le maître écartait l'économie politique, comme une science fausse ; Littré déclare que c'est une science merveilleuse. Quoi qu'il en soit, presque tous se réclament de lui, comme de leur initiateur.

Il est difficile, Messieurs, de saisir la pensée précise des positivistes au milieu des phrases dont ils l'enveloppent ; en vain Littré a essayé de résumer la portée et l'esprit de leur philosophie dans cette simple phrase qui pour lui est tout un programme : « Donner à la phi- » losophie la méthode positive des sciences, aux sciences » l'idée d'ensemble de la philosophie ».

N'est-ce pas encore bien vague et sujet à bien des amplifications dissonantes ?

Voici d'un mot en quoi se résume, selon moi, cette doctrine :

A côté de leur enivrement pour la sociologie, science admirable que les positivistes prétendent avoir

inventée pour « organiser la société moderne sur le
» terrain déblayé par la Révolution », science qui pour
eux se condense en trois lois : 1° loi de croissance et de
décroissance inverses de la guerre et de l'industrie (on
a pu depuis vingt-cinq ans apprécier sa valeur); 2° loi
du développement ininterrompu des sciences; 3° exten-
sion toujours progressive de la laïcité dans le monde
moderne; à côté, dis-je, de cette science, je ne vois
qu'une négation :

Pas de conceptions *à priori*, métaphysiques ou théo-
logiques; ni induction, ni déduction par le raisonne-
ment.

Tout émane de l'expérience et doit retourner à
l'expérience. Ce qui n'est pas observable est comme s'il
n'existait pas, l'esprit humain ne pouvant saisir que
des contingences ou des lois provenant de la générali-
sation des faits.

Quant à l'infini, à l'absolu, à la cause première, à
l'immortalité de l'âme, à Dieu, on les ignore et on veut
les ignorer; on ne dit point qu'ils n'existent pas, mais,
comme il est impossible de savoir si ce sont des
chimères ou des abstractions, restons neutres et n'en
parlons plus (5)!

Il appartenait à ce siècle, enfiévré de science, de se
jeter follement dans une philosophie qui, éclose à
l'heure des grandes découvertes contemporaines, se
parait de dehors purement scientifiques, et qu'orgueil-
leusement il croyait nouvelle, bien qu'il fût facile d'en
trouver la synthèse dans Héraclite et Bacon (6).

Cette philosophie disait à l'homme : Hors de la science, il n'y a rien que le néant de l'incertitude et de l'hypothèse. Débarrasse-toi du joug des vieilles traditions et des vieilles croyances qui, trop longtemps, ont courbé ta raison sous leur routine aveugle. Ne creuse plus ta pensée pour savoir si l'Éternel existe, si un jour ton âme se reposera dans son sein. Et, d'abord, es-tu certain d'avoir une âme? et ta pensée n'est-elle pas une fonction, une sécrétion, un mouvement de ton cerveau (7)? A quoi bon dès lors te torturer en vain pour atteindre un idéal qui n'est peut-être qu'une perspective? Jouis de la vie et de tes facultés. Plus de devoirs *à priori*. Ta seule règle de conduite doit être l'honneur. Conserve ta dignité morale et n'aie qu'un but qui jalonne ton avenir et guide tes efforts, le Progrès!

Il faut le reconnaître, Messieurs, cette philosophie flattait à la fois la vanité de l'homme et ses passions; — ses passions, puisque derrière lui n'était plus la grande menace de l'éternel châtiment; — sa vanité, puisqu'il pouvait se dire : la science est tout; par elle je peux, après avoir amélioré ma destinée, en devenir un jour l'arbitre souverain.

Et pourtant! qu'elle était désenchanteresse, cette doctrine, pour les esprits spéculatifs, les croyants, les spiritualistes, et même, en dehors de toute théorie et de toute foi, pour ceux dont l'âme déchirée souffre et pleure!

Était-ce assez que de dire à l'homme : n'aspire plus vers Dieu, aux heures de fièvre, d'angoisse ou de douleur. Le ciel est peut-être vide. N'espère plus en une vie meilleure ; ce serait peut-être une déception, et l'immortalité de ton âme, si elle n'est une fable inventée pour la gloire et le profit des religions, ne doit être qu'une illusion de ton propre désir !

Bien des esprits ne seraient-ils pas encore tentés par la recherche de cet « inconnaissable », dont parle Spencer ? Bien des âmes ne seraient-elles pas troublées par la nostalgie de cet « au delà », où elles avaient longtemps espéré qu'était la véritable patrie ? Bien des cœurs ne seraient-ils pas avides de parcourir, au moins en rêve, cet « océan incommensurable qui vient battre » notre rive et pour lequel nous n'avons ni barque ni » voile » (selon la poétique expression de Littré lui-même,) et de pousser enfin le cri de Musset (8) :

> Qu'est-ce donc que ce monde et qu'y venons-nous faire
> Si, pour qu'on vive en paix, il faut voiler les cieux ?
> Passer comme un troupeau, les yeux fixés à terre,
> Et renier le reste, est-ce donc être heureux ?

Le bonheur n'est-il pas fait d'illusions, de rêves, d'espoirs, — de foi aussi ! —, et l'esprit humain, peut-il vivre de doute et de négation ?

C'est ce que les positivistes ont parfaitement compris. Tout en s'en défendant, ils sont sortis de leur prétendue neutralité, en essayant de remplacer par une conception nouvelle, la vieille conception du monde, ce tout harmonieux, œuvre parfaite d'un Créateur, où chaque être a sa loi qui est sa fin dernière.

Ils ont voulu donner au monde une autre idée de la

vie, et insensiblement ils se sont rapprochés des maté-
rialistes : — Littré lui-même, quand il dit :

« L'univers nous apparaît présentement comme un
» ensemble ayant ses causes en lui-même, causes que
» nous nommons des lois (9). »

Peu à peu, la doctrine ébauchée s'est précisée, et les
derniers évolutionnistes nous la présentent ainsi :

Une seule chose domine tout, constatée par la
science : la Force. Cette Force est éternelle et la nature
n'est qu'un cercle immense, où s'agitent les manifes-
tations de la force, se transmettant, se transformant
les unes les autres par une sorte de mouvement
perpétuel.

Observez d'ailleurs ce qui se passe autour de nous.

Que nous révèle l'étude de la nature, l'histoire
du passé? Seules, la vie et la mort nous apparaissent
comme les deux pôles autour desquels gravitent tous
les êtres et tous les faits : — les corps naissent, vivent
et meurent, obéissant ainsi à la loi fatale qui régit
l'univers. — Evolution, équilibre, dissolution, tels
sont les trois termes de l'histoire de tout organisme
animal ou social.

Que trouvons-nous donc en dernière analyse? La
Force en mouvement, seule éternelle; comme seules
sont immortelles, les œuvres, filles de nos pensées, et
la race qui sortira de nous.

Encore cette immortalité n'est-elle que relative.
Notre espèce disparaîtra comme les espèces primitives,
dont la terre nous livre aujourd'hui les dépouilles. La

terre aussi disparaîtra, le soleil, le monde sidéral lui-même, au moins en tant que formes, dans cet immense mouvement de la nature, qui, jamais épuisée, enfantera éternellement et des mondes et des soleils nouveaux.

Cette grandiose théorie était faite pour tenter un poète. Mme Ackermann l'a admirablement résumée dans ces beaux vers (10) :

> Délivré de la Foi, comme d'un mauvais rêve,
> L'homme répudiera les tyrans immortels,
> Et n'ira plus, en proie à des terreurs sans trêve,
> Se courber lâchement au pied de tes autels.
> Las de te trouver sourd, il croira le ciel vide.
> Jetant sur toi son voile éternel et splendide,
> La nature déjà te cache à son regard ;
> Il ne découvrira, dans l'univers sans borne,
> Pour tout Dieu, désormais, qu'un couple aveugle morne,
> La Force et le Hasard.

Et l'homme ? Que devient-il dans cette immensité ? « Dans ces espaces, que les productions incessantes » de la Force ne rempliront jamais, même pendant » l'éternité, notre personnalité s'épouvante, parce qu'elle » se sent là perdue, anéantie (11). »

Que nous parlez-vous dès lors de l'immortalité de nos pensées, de nos œuvres, de notre race ? Vous nous conviez au travail, pourquoi faire ? N'est-ce pas le pire supplice que de rouler, nouveaux Sisyphes, éternelle-nellement notre rocher, — toujours en vain !

Quelles terribles conséquences n'entraîneraient pas d'ailleurs de telles croyances ? Déjà, des penseurs hardis mais logiques, nous les ont fait entrevoir. L'humanité a marché d'illusion en illusion, répondent, du fond de l'Allemagne, MM. Schopenhauer et Hartmann : La dernière était l'espoir du progrès, aussi vaine que les autres ! — Et ils concluent : l'homme n'a été et ne sera que le jouet de la douleur. — Mais, s'il n'est pas immortel, pourquoi dès lors le laisser souffrir? Ne vaut-il pas mieux nous plonger dans le néant et détruire avec nous, à jamais, la pauvre race humaine? Nous pouvons enfin jeter à la face des Cieux, comme un défi, ce cri de délivrance :

Plus d'hommes sous le ciel, nous sommes les derniers !

C'est l'école du suicide.

Du reste, les positivistes eux-mêmes reconnaissent, à certaines heures, le néant de leur philosophie. Ils sentent que, malgré leurs affirmations ou leur scepticisme, l'homme obstinément s'inquiète de sa destinée ; que beaucoup ont cette prétention... ou cette espérance de n'être pas un atôme jeté au hasard sur un monde voué à la destruction. Car, n'est-ce pas une grande douceur de penser et de croire qu'il viendra, ce lendemain, où nous reverrons ceux que nous avons aimés, et de pouvoir dire sur une tombe, comme vous le disiez l'autre jour, monsieur le Bâtonnier, en termes magnifiques, que la mort ne brise pas à jamais les liens sacrés du cœur (12)? Le jour où cette certitude nous aura été ravie, au nom de quoi nous prêcherez-vous la résignation?

La seconde conséquence de la doctrine positiviste est la négation de la conscience et la suppression du libre arbitre.

« Une volonté libre, disent les positivistes, serait une
» dérogation aux lois invariables de la nature que cons-
» tate la science, un vrai miracle ; — et la science
» n'admet pas de miracle (13). »

Quant à la conscience, elle n'existe pas ; le moi n'est que la collection des sensations et des idées, rien de plus.

Quels sophismes ! Mais si la volonté n'est pas libre et si la conscience n'existe pas, que devient la responsabilité humaine (14), que devient le Devoir, que devient le Droit ?

Le Droit ! ai-je besoin de définir « cet ensemble des
» conditions sous lesquelles la liberté de chacun peut se
» concilier avec la liberté de tous, selon une loi générale ? »
non, sans doute ; et cette définition de Kant, traduction moderne de celle d'Ulpien : « *Honeste vivere, alterum non ledere, suum cuique tribuere* », me dispense, je crois, d'en chercher une nouvelle.

N'est-elle point suffisante pour faire apparaître le Droit avec son triple principe de liberté, d'égalité et de fraternité ?

Ce triple principe, c'est notre raison qui nous le donne. C'est pourquoi Montesquieu a pu dire : « Le
» Droit, c'est la raison humaine en tant qu'elle gouverne
» les peuples de la terre », reproduisant ainsi la définition de Bossuet : « Le Droit n'est autre chose que la raison

» même et la raison la plus certaine, puisque c'est la
» raison reconnue par le consentement des hommes ».

Sa source est donc la conscience ; sa sanction, le
consentement universel.

Le consentement universel ! quelle illusion ! objectent
les évolutionnistes. La base du droit n'a-t-elle pas varié,
suivant les peuples et les temps ? La notion même du
droit existait-elle aux premiers âges de l'humanité ?
Et, dans l'effort de leur démonstration, ils remontent
les annales des peuples et nous conduisent avec prédi-
lection au sein des hordes sauvages ; ils vont même
jusqu'à scruter les sentiments des premiers hommes,
d'après les débris de silex trouvés dans des cavernes,
pour en conclure qu'ils ignoraient le Droit. — Cette
prétendue règle que nous croyons spontanée en nous,
ne serait, d'après eux, que le fruit de l'éducation des
siècles (15).

Y a-t-il là, je vous le demande, Messieurs, une objec-
tion sérieuse qui mette en péril le Droit lui-même dans
son principe et sa souveraincté ?

L'enfant aussi est inhabile à reproduire sa race avant
l'âge de puberté, et pourtant la puissance de la généra-
tion est dans l'homme.

N'en est-il pas ainsi pour la conception du Droit ?
Rudimentaire dans les siècles primitifs, rudimentaire
aussi dans les peuples sur lesquels la civilisation n'a
pas encore répandu ses bienfaits, cette conception a
grandi ; elle s'est affirmée, elle s'est épurée au fur et à
mesure du développement des sociétés et, sorti de l'âme

universelle, le Droit est devenu l'expression souveraine du juste, qui n'est en définitive que l'harmonie entre la liberté et le devoir !

La perfectibilité humaine est notre plus bel apanage, puisqu'elle nous sépare des animaux, stationnaires dans leur instinct, et nous élève bien au-dessus des lois immuables de la matière.

Il y a quelques années, on m'eût fort surpris en me disant que le Droit avait été nié par de grands savants, ou que d'autres, comme certains positivistes, ne voulaient lui donner pour base que l'intérêt individuel ou collectif.

Nous sortions à peine du collège et nous venions d'achever notre philosophie sous la direction d'un prêtre, esprit très distingué, qui, depuis, est devenu le supérieur même du collège où il enseignait autrefois.

Je vous laisse à penser si, sous cette paternelle direction, nous avions appris une philosophie spiritualiste. Nous ne pension pas encore, je l'avoue, que la morale pût être une chimère et la justice un vain mot. Dans la naïveté de nos jeunes aspirations vers ce qu'on nous avait dit être le vrai, le Droit nous apparaissait comme une chose auguste, faisant planer au-dessus des consciences un instant troublées ou des intérêts trop écoutés, l'unité sereine de ces principes. Il nous semblait, quelle illusion !, que chacun portait en lui, imprimée en traits ineffaçables, l'image du Créateur, et que nos âmes pouvaient apercevoir en elles-mêmes, comme un reflet de la Justice parfaite, la notion précise du bien et du mal.

Nous croyions encore que la conscience était un guide sûr, lorsqu'on voulait être docile à ses sages conseils; et le remords, une voix intérieure nous reprochant de ne point les avoir écoutés.

Voyez comme nous étions enfants et simples, pour des philosophes !

Pas si enfants peut-être, puisque, durant de longs siècles, l'humanité se leurra de notre erreur et que beaucoup d'hommes éminents se font encore gloire et honneur de la partager.

Est-ce donc si futile de penser que le Droit est une notion simple et universelle, s'imposant à l'homme partout et toujours?

« Dieu, dit M. Jules Simon, ne nous a pas chargés du » gouvernail sans faire luire pour nous une étoile. Quelle » que soit la règle, elle est une...... C'est dire qu'elle est » placée dans une sphère bien supérieure aux orages de » la passion et qu'au lieu d'être éphémère et mobile, elle » a toute la solidité, toute la fixité, toute l'éternité d'un » principe (16). »

Cette règle, nous la puisons dans notre raison et dans notre conscience. L'une nous dicte nos devoirs, l'autre nous révèle nos droits; et toutes deux émanent de l'Absolu, de Dieu.

Et maintenant, la philosophie positive, en repoussant toute idée *à priori* et tout principe transcendant, n'enlève-t-elle pas au Droit sa base la plus sûre? Celles qu'elle s'est efforcée de lui substituer ne seraient-elles pas bien fragiles, si fragiles que le Droit perdrait avec elles toute autorité et même toute réalité ?

Deux écoles modernes, toutes deux frottées du positivisme expérimental de Comte, ont voulu se partager l'honneur d'expliquer, de légitimer le Droit en dehors de l'Idéal basé sur l'Absolu.

J'ai nommé l'école utilitaire anglaise et l'école positiviste française :

D'abord les utilitaires :

Austin, Summer-Maine, Bain, Stuart Mill, Herber Spencer ont été, pour ne citer que les plus fameux, les principaux représentants de cette école qui procède à la fois d'Hobbes et d'Adam Smith; l'un, vous le savez, plaçait le Droit dans l'intérêt du plus fort; l'antre, dans l'intérêt de tous.

Il était réservé aux Anglais seuls d'enfanter de pareilles théories; comme cet esprit positif, mercantile, qui est le génie de leur race, s'y accuse et se trahit! comme leur égoïsme s'y révèle!

Ils ramènent tout à leur intérêt bien entendu; c'est une banalité courante et leur générosité, que je sache, n'a jamais passé pour proverbiale.

N'ont-ils pas, en politique notamment, pratiqué toujours leur dogme de la « non-intervention », tandis que nous versions notre sang pour le triomphe de l'Idée?

N'insistons pas, ce serait glisser une ironie dans un parallèle. La France fut la patrie des croisades; l'Angleterre, celle des colonisations!

Pour le positivisme anglais, toute question de morale

ou de Droit se ramène à une question de « Comptabilité » morale »; c'est le mot de Bentham.

« Avoir un droit, dit Stuart Mill, c'est avoir quelque » chose dont la société doit garantir la possession. » Demande-t-on, après cela, pourquoi la société le doit? » Je ne puis donner d'autres raisons que l'utilité géné- » rale. »

Et il définit le Droit : « un pouvoir que la société est » intéressée à accorder aux individus ».

Pour arriver à cette conclusion, les utilitaires nous disent : N'allons plus chercher au delà de cette vie un but à nos actions. La joie de vivre est plus que suffisante; et si nous considérons l'humanité en général, sa fin dernière sera et doit être le bonheur social.

Donc, tout doit tendre à assurer ce bonheur social, cet âge d'or rêvé par les hommes, dont la réalisation sur cette terre sera consommée par le simple jeu des intérêts.

Première conséquence. — Tout ce qui sera utile au bien général sera licite; tout ce qui sera contraire, illicite; tel est le critérium de nos actes.

Deuxième conséquence. — La limite de notre droit est l'intérêt des autres, c'est-à-dire l'intérêt social; et le Droit sera précisément la protection que la société devra accorder à l'individu pour progresser elle-même.

La réponse est aisée : S'il n'y a que des intérêts en jeu, l'intérêt individuel ne sera-t-il pas bien souvent en opposition avec l'intérêt social? Êtes-vous assurés que l'homme sacrifiera son plaisir à ce bien général, à cet

idéal dépeint par vous sous des couleurs enchante-
resses?

D'abord, vous l'avouez vous-même, cet idéal social
n'est pas encore sur le point de se réaliser. Partout
l'économie politique ne nous montre que des intérêts
hostiles, libre-échange au Midi, protection au Nord ; et
l'accord entre le capital et le travail ne paraît pas près
de se faire! Quels intérêts devront être sacrifiés? Quels
pourront prétendre à représenter l'intérêt social lui-
même? Dans ce conflit, où, seule, la majorité, toujours
arbitraire et changeante, sera la souveraine maîtresse,
pourquoi voulez-vous que je sacrifie mon intérêt per-
sonnel à celui des autres, et comment m'y contraindrez-
vous? A ces deux questions pressantes, qui leur ont été
tant de fois posées, les utilitaires se sont dérobés en se
jetant en pleine fantaisie.

Aujourd'hui, sans doute, avoue Herber Spencer, il
y a lutte entre les égoïsmes ; mais un jour viendra où
il y aura équilibre entre les égoïsmes et les sympathies.
Ce sera la société idéale. La sympathie universelle
enflammera tous les cœurs, et, dans ce délire, les hommes seront tellement portés les uns vers les autres qu'il
leur sera impossible de faire une action contraire à
l'intérêt de tous. Il n'y aura plus besoin dès lors de
Code, ni de lois, ni de procès, puisque chaque homme
étant un rouage nécessaire au fonctionnement social,
devra comprendre qu'en sauvegardant l'intérêt de tous,
il se protège lui-même.

On atteindra cet idéal, H. Spencer nous l'assure,

grâce au progrès d'un sentiment inné au cœur de l'homme, la sympathie.

Et c'est pour aboutir à de pareilles excentricités, que Spencer use et abuse de l'analyse psychologique !

Nous avions cru jusqu'ici que la sympathie était un mouvement volontaire du cœur. Nous pensions aussi que, dans bien des âmes, l'égoïsme parlait, hélas !, plus fort que la sympathie.

Pauvre race humaine ! tu as donc toujours vécu dans l'illusion ! H. Spencer t'arrache ton bandeau. La sympathie, ce sentiment dont tu t'enorgueillisais comme d'une expansion généreuse de ton être, n'est qu'un égoïsme déguisé. En aimant ses semblables l'homme s'aime lui-même, et la sympathie n'est qu'une forme raffinée de l'action réflexe.

Mais, s'il en est ainsi, le jour où nous saurons que nous sommes dupes de notre cœur, nous ne voudrons plus l'être. Si notre sympathie pour autrui n'a aucune valeur intrinsèque et n'est qu'un égoïsme inconscient, à quoi bon cette sympathie ? Ne dirons-nous pas : soyons égoïstes franchement, puisque nous ne pouvons prétendre au mérite d'une sympathie sincère ? Et alors — n'allons-nous pas retomber dans le conflit des intérêts et des égoïsmes, que Spencer lui-même nous dit être la caractéristique de la barbarie.

Eh oui ! nous serions des barbares, si nous n'écoutions tous que la voix du plaisir, au lieu de nous appuyer sur ces principes mystiques qui engendrent seuls l'esprit de sacrifice et de charité.

Qu'un homme, en effet, renonce aux joies de la famille, à l'ambition, à la fortune, pour obéir à un fanatisme divin; qu'un fataliste de l'Orient, disciple de Bouddha, succombant sous le climat et la misère, se plonge dans la nuit de ce Nirvana qui n'est pas le néant, mais l'évanouissement dans l'infini; qu'un chrétien périsse, martyr de sa foi, ou s'immole à autrui, comme une sœur de charité, cela se conçoit. Mais ce qui ne se conçoit pas, c'est qu'un positiviste renonce ainsi à toutes les joies terrestres, — lui qui n'a pas l'espérance des autres, — pour le plaisir mal défini de hâter l'avènement de la société idéale, et d'assurer le bonheur aussi incertain, qu'éphémère, des générations à venir!

Et si la sympathie n'est pas suffisamment développée chez moi pour que je me sacrifie à l'intérêt général, comment m'y contraindrez-vous?

En vain vous invoquez le contrat qui unit les membres de la société et par lequel Hobbes espérait transformer le droit du plus fort dans le droit des plus nombreux.

« Autant, réplique M. Fouillée, la théorie du contrat » sera féconde pour le spiritualisme français, qui admet » préalablement le droit de l'individu, autant elle est » stérile pour une école qui ne peut donner aux con» trats que l'appui de la force. S'il n'y a de précieux en » soi que l'intérêt, ces mots : Vous n'avez pas le » droit de violer le contrat, signifient seulement que le » plus grand intérêt est de ne pas le violer. « Dans les

» cas, dit Bentham, où l'engagement devient onéreux à
» l'une des parties, on les tient encore liées par l'utilité
» générale des engagements. » Mais que m'importe
» cette utilité générale, si, dans le cas présent, le con-
» trat que j'ai accepté m'est évidemment nuisible ? l'in-
» térêt nous avait rapprochés, l'intérêt nous sépare (17). »

Que les positivistes, Messieurs, n'invoquent donc
plus le contrat social. Il ne leur reste pour principe que
la Force, la seule à laquelle ils croient, parce que,
disent-ils, la science la reconnaît. Mais, ne nous y
trompons pas, cette force, confondue avec la sanction
du droit, devient, même pour eux, cette divinité terrible
entrevue par Machiavel, et dont M. de Bismarck a fait
l'idéal prussien.

Et nos droits, et nos libertés, qu'en faites-vous ? Au
nom de l'utilité sociale, vous supprimez le droit individuel, et vous faites de l'individu un simple servi-
teur de l'intérêt général, comme dans les sociétés
antiques.

Notre liberté individuelle ! Au nom de l'utilité sociale,
vous l'abolissez dans ce qu'elle a de plus intime et de
plus sacré, la conscience. Qu'est-ce donc qui est utile,
d'après vous ? Les jouissances terrestres ? Triste et
intolérante doctrine, puisque, hostile à notre foi, elle
vous amène, dans l'ordre social, à nous imposer votre
irréligion !

Le droit de propriété lui-même, que devient-il ? Ne
va-t-il pas fatalement aboutir au communisme ?

M. Stuart Mill l'a si bien compris que, dans sa

détresse, il se voit obligé d'invoquer à son appui des raison morales : le travail et la liberté !

La Liberté, c'est-à-dire le Droit! Nous voici donc revenus, malgré vous, à ces principes qu'on nomme droits ou devoirs et que votre initiateur Bentham croyait flétrir en les traitant de ce mot de « mystiques », qui représentait à ses yeux le dernier degré de la folie humaine !

Littré, qui fut, après Auguste Comte, le représentant le plus autorisé du positivisme français, était, vous le savez tous, le *probus vir* par excellence. Il devait se préoccuper sincèrement des conditions et du sort de la morale et du droit en présence des théories positivistes, et s'efforcer de concilier ses croyances philosophiques avec son respect pour toutes ces choses, morale, justice, droit, devoir, que, par suite de son éducation chrétienne ou par un effet d'hérédité, il regardait comme sacrées et nécessaires au maintien même de la société.

Aussi, ne soyez pas étonné si ce puissant esprit, malgré sa fermeté accoutumée, a bien des fois varié, en cherchant une base à la morale et au droit, en harmonie avec son système philosophique.

Il la demanda d'abord à la physiologie (18).

Toute morale, pour lui, dérivait de deux impulsions contraires : l'égoïsme et l'altruisme, l'une produite par la nécessité de la nutrition, l'autre par la nécessité d'aimer ou la sexualité ; la première tendant à la conservation de l'individu, et la seconde à la conservation de l'espèce. Et il ajoutait : Sans doute, ces deux sortes d'instincts sont encore en lutte; mais, dans l'avenir, la morale se dégagera nécessairement de ce conflit, à mesure que la notion de l'humanité resserrera l'égoïsme et dilatera l'altruisme.

S'il convenait de s'arrêter longtemps à ce système, où la barbarie des termes ne fait que masquer l'étrangeté du fond, on aurait à se demander quel principe supérieur pourra régler ce conflit de l'égoïsme et de l'altruisme, et, si aucun principe supérieur n'intervient, qui nous garantit que l'égoïsme sera un jour vaincu par l'altruïsme? qu'est-ce, au surplus, que *cette notion de l'humanité,* dont parle Littré? ne faut-il pas la rapprocher de la sympathie sociale de Spencer? ne sont-elles pas une même formule, dont je vous ai démontré l'inanité?

Littré, Messieurs, a jugé lui-même sa théorie insuffisante, en s'efforçant de chercher ailleurs une base à la morale et au Droit (19).

Dans cette seconde évolution de sa pensée, il va ramener l'idée de justice, génératrice de toute morale et de tout droit, à n'être qu'un fait psychique irréductible, une conception de l'intelligence, analogue à la conception de l'égalité de deux termes ou de leur différence — intuition spontanée qui est la base de notre système logique.

Ainsi la justice aurait les mêmes principes que l'algèbre. Le droit d'un homme égale le droit d'un autre, c'est une évidence qui commande l'assentiment. Par suite, il est naturel que je respecte le droit d'autrui, comme je voudrais qu'il respectât le mien.

Ce n'est pas résoudre la question. Comment transporter une notion purement intellectuelle dans le domaine de l'action? deux hommes ont autant de droit, soit, admettons que ce soit évident; est-ce une raison pour que l'un respecte le droit de l'autre? et s'il ne veut pas le respecter, en vertu de quel principe l'y contraindrez-vous? quelle autorité donnera à la société le droit de le punir, alors surtout qu'elle va se heurter à un écueil, que vous-même avez fait surgir en niant le libre arbitre, et en supprimant ainsi la responsabilité humaine?

Est-ce dans l'ordre de la nature que vous puiserez cette autorité? évidemment, non. Que vous montre-t-elle, cette maîtresse de morale? l'inégalité originelle des races, celle des cerveaux, des aptitudes mentales, des forces; et si, par l'histoire, vous examinez les faits, pour en déduire vos lois, que voyez-vous encore, si ce n'est la loi du plus fort, souvent triomphante, la concurrence vitale, l'extermination des faibles, l'utilité spécifique dominant l'intérêt individuel?

Enfin, poussé à bout, Littré invoque comme dernière ressource, l'intuition, le fait intuitif.

Mais qu'est-ce donc si ce n'est ce que nous appelons les lois innées et formelles de l'entendement, principes funestes, d'après le positivisme, de la métaphysique qu'il repousse comme une science fausse, parce qu'elle ne repose pas sur l'expérience?

Non, il y a ici autre chose qu'un pur mécanisme, et c'est ailleurs que dans la nature ou l'histoire, c'est-à-dire dans le règne brutal des faits, que nous devons chercher les bases de la morale et du droit.

Est-ce que l'homme obéit servilement aux lois de la nature? n'essaie-t-il pas de combattre les instincts qu'elle lui donne, les passions qu'elle agite en son âme, au nom même de ces lois supérieures révélées par la conscience et dictées par l'absolu?

« Et ce travail perpétuel de l'homme, dit éloquem-
» ment M. Caro, qui s'efforce d'accomplir son rêve sur
» la terre par la science, par l'art, par la charité, et de
» recréer ce monde à l'usage de ses idées, n'est-il pas
» la plus éclatante protestation contre toute philosophie
» qui explique l'homme par les lois aveugles de la ma-
» tière et du hasard, et fait ainsi, de la pensée et de la
» raison, les phénomènes les plus incompréhensibles de
» cet univers que la pensée pénètre et que la raison
» comprend (20)? »

Littré lui-même, lorsqu'il prédit l'avenir de l'humanité et qu'il trace, d'une plume si hardie et si magistrale à la fois, ses visions de la solidarité humaine, de la fraternité des peuples; lorsqu'il exalte l'art et l'idéal en un si prestigieux langage, ne délaisse-t-il pas la méthode aride de son positivisme et n'ajoute-t-il pas aux données ingrates et inhumaines de cette philosophie, ce qu'il a de meilleur, — son âme?

On a encore essayé de donner pour règle à la conduite humaine qui, vous le voyez, Messieurs, avec les principes précédents, va à la dérive, l'honneur et le progrès.

Beaucoup, et des meilleurs, ont voulu, dans ce siècle, substituer au culte de Dieu, celui de l'honneur. On ne veut plus jurer sur le crucifix ou la bible; on jure volontiers sur son honneur.

C'est un mot fatidique dont chacun, à toute heure, se remplit la bouche; je crains que, pour beaucoup, ce ne soit qu'un mot.

N'est-ce pas, en tout cas, une bien frêle barrière contre les instincts de l'homme, et ses passions ne l'auront-elle point vite brisée?

C'est le culte de l'honneur que, dans un testament fameux, le vieux comte de Camors, quelques minutes avant de se suicider, léguait à son fils comme règle unique de sa vie. Après avoir exactement résumé les principaux traits du positivisme et du matérialisme, il ajoutait : « Le matérialisme n'est une doctrine d'abrutis- » sement que pour les sots ou pour les faibles. Assuré- » ment je ne lis dans son code aucun des préceptes de » la morale vulgaire, de ce que nos pères appelaient la » vertu; mais j'y lis un grand mot qui peut suppléer à » bien des choses, l'honneur, c'est-à-dire l'estime de soi. « Il est clair qu'un matérialiste ne peut être un saint; » mais il peut être un gentilhomme; c'est quelque » chose. Vous avez d'heureux dons, mon fils; je ne » vous connais qu'un devoir au monde, c'est de les » développer largement et d'en jouir avec plénitude. » Usez sans scrupule des hommes pour la puissance,

» des femmes pour le plaisir, mais ne faites rien de
» bas (21). »

Le jeune homme jura de rester fidèle aux recommandations paternelles, et pourtant vous vous rappelez ses remords et les derniers regrets de son agonie, après les bassesses de sa passion! L'honneur fut-il une barrière suffisante à ses coupables entraînements?

Là où ce gentilhomme n'a pas trouvé un frein pour ses désirs révoltés, pensez-vous que la foule (les sots et les faibles) puisse trouver un frein pour ses colères et ses excès?

Aurait-on eu l'idée d'invoquer les lois de l'honneur pour reprocher aux assassins de la rue Haxo et de la Roquette le massacre de tant d'adversaires désarmés? Ne se sont-ils pas, dans leurs correspondances et leurs journaux, enorgueilli de ces forfaits? N'en ont-ils pas fait pour eux un vrai point d'honneur?

Une dernière règle gouvernerait l'humanité, le progrès.

« Déjà, écrit Littré, dans son *Testament philosophique,*
» du sein de la vie individuelle, il est permis de s'asso-
» cier à cet avenir, de travailler à le préparer, de devenir
» ainsi, par la pensée et par le cœur, membres de la
» société éternelle et de trouver en cette association
» profonde, malgré les anarchies contemporaines et les
» découragements, la foi qui soutient, l'ardeur qui
» vivifie, et l'intime satisfaction de se confondre sciem-
» ment avec cette grande existence, satisfaction qui est
» le terme de la béatitude humaine (22). »

Ce sont de bien sonores paroles, Messieurs. Mais combien elles sont creuses et utopistes !

Est-ce ainsi que l'on prétend gouverner le monde, et commander au fort de ne pas violer les droits du faible? Est-ce ainsi que l'on croit faire taire l'ambition, apaiser la haine, calmer le désir, pour la seule récompense de préparer aux générations de l'an 3000 un niveau moral plus élevé, une société plus parfaite?

Si, d'ailleurs, l'univers est ce que vous dîtes, ce mécanisme de hasard, qu'une révolution inconnue bouleversera bientôt sous la poussée de la Force toujours en action, que devient le progrès? Est-il un but où un mirage décevant?

Eh bien! Alors ne travaillons plus! Souffrir, nous sacrifier pour ce néant qui n'a pas d'au delà, serait folie! Qu'importent nos droits? Qu'importent nos devoirs? Épicure avait dit le dernier mot de la science humaine : Jouissons, car demain nous mourrons!

Voilà où aboutit le dernier effort de cette philosophie que l'on nous vante comme la seule scientifique. Elle supprime l'absolu; et l'homme et les foules, sans boussole désormais, errent à la poursuite de leurs désirs ou de leurs appétits.

Si de ces régions où la pensée pure agite platoniquement ces théories, nous descendons dans la pratique; si d'un mot nous dressons le bilan des résultats qu'a donnés cette philosophie depuis tantôt cinquante ans qu'elle règne en Europe, que voyons-nous à sa louange?

Dans les arts, le réel chassant l'idéal de son domaine ; le document humain s'efforçant de remplacer la création géniale ; l'imitation servile ; l'apologie bruyante du laid ; l'étalage de tous les vices et de toutes les misères de notre nature ; et tous, à l'envi, romanciers, peintres, poètes, ne comprenant pas que leur pensée ne s'élève hardie et puissante, que si elle peut planer libre en plein idéal.

Au point de vue social, le machiavélisme n'est-il pas de plus en plus pratiqué ? n'avons-nous pas eu cruellement à en souffrir ?

Qu'est devenu le droit des nationalités ?

Qu'est-ce qui, en dehors de la Force, autorisait les puissances du Nord à se partager la Pologne, la Prusse à poser sa main de fer sur notre Alsace-Lorraine, Victor-Emmanuel à exiler le pape dans la ville Éternelle ?

Enfin, n'avons-nous pas vu, en France, cette étrange théorie se propager, dangereuse et perfide pour tous, qu'il n'y a pas de droit individuel contre la sûreté de l'Etat ? N'avons-nous pas entendu, en plein parlement, ces paroles : « Il y a des institutions sociales qu'on fait » bien de respecter tant qu'elles sont du goût de la majo- » rité ; mais elles ne constituent nullement une réunion » de principes indiscutables ». Théorie néfaste qui rabaisse toutes les lois, sans exeption, à n'être que des règles empiriques, variables au gré de l'utilité sociale ou des caprices du suffrage populaire ?

Oh ! certes, Messieurs, je ne voudrais froisser aucune de vos convictions, en rappelant que nous avons déjà

assisté à bien des violations de ce que nous croyons
être le Droit; mais ne me sera-t-il pas permis de faire
du moins allusion à ces actes que la magistrature ne
voulut pas sanctionner, et contre lesquels, au nom du
Droit, seul, le barreau protesta?

Laissez-moi, en passant, rendre hommage à l'indé-
pendance de ceux qui défendirent le droit des expulsés,
et payer ainsi ma dette de reconnaissance à deux
d'entre vous qui me sont particulièrement chers et s'uni-
rent alors dans la même protestation (23) : l'un qui me fit
l'insigne honneur de m'appeler auprès de lui pour partager ses travaux, et dont, après avoir été le secrétaire,
je suis, j'ose le dire, resté l'ami; l'autre, qui fut son
secrétaire aussi, et déjà, par l'élévation de son talent et
de son caractère, s'apprêtait à mériter vos suffrages et
à devenir le bâtonnier d'aujourd'hui.

Il est temps, Messieurs, qu'enfin le législateur donne
l'exemple du respect du Droit vis-à-vis de tous, prin-
ces ou peuple, à ces foules qui l'ont trop souvent violé,
dans des jours maudits et qu'il faudrait rayer de notre
histoire.

Cela sera, j'en ai la ferme conviction, le jour où l'on
ne dira plus que le Droit c'est l'utile.

Je vous ai montré, soit dans les idées, soit dans les
faits, le néant de cette philosophie, aussi impuis-
sante à assurer le bonheur des hommes qu'à faire respecter leur droit et leur liberté.

Je vous ai dit que si elle peut suffire à certaines âmes
frivoles, aux heures de la joie, elle ne pouvait, aux

jours de malheur ou de souffrance, leur assurer la
résignation et l'espoir.

Si elle peut suffire aussi à ces esprits d'élite qui sup-
pléent, comme Littré, par la richesse d'une généreuse
nature et la droiture innée de leur esprit, à la sécheresse
de la doctrine, les autres, que deviendront-ils ?

Ceux-ci, lassés d'une inutile vie, après avoir « usé des
» hommes pour la puissance et abusé des femmes pour
» le plaisir », iront demander au suicide l'anéantissement
de leur être et de leur ennui.

Ceux-là, moins tragiques, et demandant à la matière
des compensations à leur détresse morale désormais
sans horizons, n'auront d'autre souci qu'amasser pour
mieux vivre.

Et les foules ? qui leur donnera ces croyances seules
capables d'enseigner au riche la charité, au pauvre la
patience, et d'éviter ainsi la solution sanglante et prochaine, peut-être, de la grande antinomie sociale ?

Ce ne sera pas le positivisme ! Il déracinera, au contraire, toute morale du cœur des hommes, en répétant
que rien n'est mal en soi, que tout dépend des circonstances, des civilisations, des climats. Il faussera ainsi
l'idée du devoir pour les uns, celle du droit pour les
autres ; et ceux-ci augmenteront leur despotisme, ceux-là
leur révolte.

Quant à moi, je l'avoue humblement, je suis de ceux
qui croient que la force vient d'en haut, que l'absolu
reste la règle éternelle, et que la France, docile à ses
origines, à son tempérament, à sa grandeur passée, re-

déviendra la nation spiritualiste par excellence, unissant
à l'amour de Dieu, le culte du Droit et la passion de la
liberté, la France de Bossuèt, de Montesquieu, des
Droits de l'Homme.

NOTES ET TEXTES.

(1) Jules Simon, *Le Devoir*, préface, p. 4.

(2) Littré, *Auguste Comte et la philosophie positive*. (Lire la page qui termine l'ouvrage).

(3) Lettre de Sainte-Beuve à M. Harisse : « Si quelque
» chose manque à cette intelligence saine, vigoureuse et
» même robuste, dit-il en parlant de Littré, ce sont les nuan-
» ces, et ce manque de nuances se fait sentir jusque dans
» cette foi intellectuelle (qui me fait l'effet par moment d'une
» sorte de superstition et de crédulité) pour un système qui,
» dans ses lignes générales, ne me paraît pas si nécessaire-
» ment identifié avec ce cerveau obscur et abstrus et trop
» souvent malade, qui s'appelait Auguste Comte. »

(4) Caro, *M. Littré et le positivisme*, p. 99.

(5) Littré, Transrationalisme (*Revue de philosophie positive)*, janvier 1880.

(6) Il y a bien longtemps qu'Héraclite, dans un mot souvent cité : παντα ρεί, tout s'écoule, avait défini la variabilité des phénomènes, sans réalité ni permanence, qui composent le monde tout entier, et établi que rien n'est fixe, rien n'est vrai, rien n'est absolu.

Quant à Bacon, ne disait-il pas déjà en parlant de l'expérimentation . « Au lieu d'errer à l'aventure et de vouloir tout
» faire avant le temps, la méthode commence par allumer son
» flambeau dont elle se sert ensuite pour montrer le chemin,
» en partant, non de l'expérience vague et faite après coup,
» mais de l'expérience bien digérée, bien ordonnée. Enfin, de
» ces principes une fois solidement établis, elle déduit de
» nouvelles expériences, sachant assez que le Verbe Divin lui-
» même, lorsqu'il travailla sur la masse immense des êtres,
» ne le fit pas sans ordre et sans méthode. » (Bacon, *Nov. Org.*,
I, aph. 72).

(7) Cabanis, *Des rapports du physique et du moral*.

« Le cerveau sécrète la pensée, comme le foie sécrète la
» bile et l'estomac digère les aliments. »

Depuis, *sécrétion* a paru impropre; on a cru plus scientifique de dire que la pensée est un *mouvement* du cerveau.

(8) Alfred de Musset, *L'Espoir en Dieu.*

(9) Littré, *Paroles de philosophie positive*, p. 34.

« L'univers nous apparaît présentement comme un ensemble
» ayant ses causes en lui-même, causes que nous nommons
» des lois. L'*immanence*, c'est la science expliquant l'*univers*
» par des causes qui sont en lui..... L'immanence est directe-
» ment indéfinie; car, laissant les types et les figures, elle
» nous met sans intermédiaire en rapport avec les éternels
» moteurs d'un univers illimité, et découvre à la pensée stu-
» péfaite et ravie les mondes portés sur l'abîme de l'espace et
» la vie portée sur l'abîme du temps. »

(10) Mme Ackerman, *Poésies philosophiques, Prométhée.*

(11) Caro, *Un poète positiviste, Revue des deux Mondes*, 15 mai 1874, p. 248.

(12) Mme Ackermann, *Ibid.* :

> « Il s'ouvre par delà toute science humaine
> » Un vide dont la foi fut prompte à s'emparer.
> » De cet abîme obscur elle a fait son domaine ;
> » En s'y précipitant, elle a cru l'éclairer.
> » Eh bien ! nous t'expulsons de tes divins royaumes,
> » Dominatrice ardente, et l'instant est venu,
> » Tu ne vas plus savoir où loger tes fantômes ;
>   » Nous fermons l'inconnu.
>
> » Mais ton triomphateur expiera sa défaite ;
> » L'homme déjà se trouble et, vainqueur éperdu,
> » Il se sent ruiné par sa propre conquête ;
> » En te dépossédant, nous avons tout perdu.
> » *Nous restons sans espoir, sans recours, sans asile,*
> » *Tandis qu'obstinément le désir qu'on exile*
> » *Revient errer autour du gouffre défendu.* »

(13) Discours prononcé sur la tombe de A. Chesneau par Me Habasque, bâtonnier de l'Ordre des avocats, décemb. 1888.

(14) Ch. Bénard, *Précis de philosophie*, p. 235.

(15) Voir notamment l'excellent ouvrage de M. l'abbé de Broglie, *La morale sans Dieu.*

(16) Jules Simon, *Le Devoir*, p. 258.

(17) Fouillée, *L'idée moderne du droit*, *Revue des deux Mondes*, 1875 (vers la page 880).

(18) Caro, *M. Littré et le positivisme*, p. 196.

(19) Octave Feuillet, *Monsieur de Camors*.

(20) Littré, *Testament philosophique*.

(21) Jules Soury, *Philosophie naturelle*, p. 325.

« Déjà, dit-il, la fin du monde apparaît dans un avenir dont
» la science déchire le voile. Comme les espèces fossiles des
» diverses époques géologiques, l'homme n'aura fait que
» passer sur la terre. Eloignée ou prochaine, une époque
» viendra sûrement où tout ce qui vit sur la terre retournera,
» avec l'homme, à la poussière. La lutte pour l'existence sera
» terminée ; l'éternel repos de la mort régnera sur la terre soli-
» taire ; privé d'atmosphère et de vie comme la lune, son
» globe désert continuera de tourner autonr d'un pâle soleil ;
» l'homme et sa civilisation, ses efforts, ses arts et ses scien-
» ces, tout cela aura été. »

(22) Henry Maret, Discussion sur le serment judiciaire. Séance du 22 juin 1882.

(23) Consultation pour les RR. PP. Franciscains, par Mes Brochon, Habasque et Jolivet. *Courrier de la Gironde*, 11 juillet 1880.